Apóstol Samuel Cameroun

¡Solo Hay Una Esperanza!

AF535365

Apóstol Samuel Cameroun

¡Solo Hay Una Esperanza!

Efesios 4 : 4 - 6

CREDO EDICIONES

Imprint

Any brand names and product names mentioned in this book are subject to trademark, brand or patent protection and are trademarks or registered trademarks of their respective holders. The use of brand names, product names, common names, trade names, product descriptions etc. even without a particular marking in this work is in no way to be construed to mean that such names may be regarded as unrestricted in respect of trademark and brand protection legislation and could thus be used by anyone.

Cover image: www.ingimage.com

Publisher:
CREDO EDICIONES
is a trademark of
International Book Market Service Ltd., member of OmniScriptum Publishing Group
17 Meldrum Street, Beau Bassin 71504, Mauritius
Printed at: see last page
ISBN: 978-613-4-41715-0

Copyright © Apóstol Samuel Cameroun
Copyright © 2021 International Book Market Service Ltd., member of OmniScriptum Publishing Group

Decimoctavo Estudio Bíblico / **27**

¡SOLO HAY UNA ESPERANZA!

Efesios 4 : 4-6

¡Para USTED !

Recordamos que este estudio de la Biblia , "No es una esperanza ! '' es parte de una serie de siete mensajes doctrinales fundamentales inseparables; tomado de Efesios 4 : 4 -6. Para Proverbios 9 : 1 ''La sabiduría edificó su casa; Labró sus siete columnas". ''Toda la colección se titula '' ¡Quien lee, preste atención ! Otras Buenas noticias! '' . Consta de otros 20 estudios bíblicos , que lo complementan . ¡Todos estos estudios bíblicos fueron diseñados para su crecimiento y edificación espiritual ! La paz de Dios en el interior , el gozo de Cristo en el exterior . ..

PRÓLOGO EN . ..

Colección de la serie cristiana :

'' ¡ AQUEL QUE HAY QUE HACER ADVERTENCIA ! ''

(Mateo 24:15)

Durante el transcurso de nuestro caminar espiritual , nos acercaremos a los fundamentos de la sana doctrina cristiana que es el pilar y el soporte de la verdad. Según el apóstol Pablo, animando a su fiel compañero en 1 Timoteo 3 : 14-15, le escribió: " *Te escribo estas cosas , con la esperanza de llegar pronto a ti , pero para que lo sepas , si me demoro. , cómo debemos comportarnos en la casa de Dios , que es la Iglesia del Dios vivo , columna y sostén de la verdad* . " Siguiendo al apóstol Pablo , los estudios de esta serie , a lo largo , unirán los temas bíblicos. doctrina a los de la profecía , porque Jesucristo exhorta fraternalmente a la Iglesia que es `` Miembro de su Cuerpo está siempre presente junto a su familia. Para ello , las enseñanzas de la presente colección se basarán principalmente en los libros conjuntos del *Apocalipsis* (*Apocalipsis*) , yuxtapuesto con el de *Daniel ,* para confirmar esta buena nueva del mensaje del evangelio , ya que , al final de los siglos , la doctrina evangélica , los diez mandamientos de Moisés y la profecía fueron preciosamente recomendados a los cristianos genuinos , para servir e como brújula en las tinieblas de las tinieblas del mal. Esto se debe al espíritu de desconcierto que llevó a la apostasía doctrinaria , ahora muy popular , entre todas aquellas comunidades de cristianos que afirman que la Biblia llama " *¡ Babilonia la grande, la madre de lo prohibido !* " » *Apocalipsis 17 : 5.*

Además , debemos buscar a Dios con todas nuestras fuerzas , ¡ nosotros que somos la generación al final de la historia de este mundo destinada a su inminente y eterna ruina! Es solo Jesús , quien ha determinado las condiciones de su salvación para cualquiera que sinceramente quiera escapar saliendo de este mundo impío. Por lo declara solemnemente : " *nadie puede venir a él , si el Padre no lo atrae . ..* " Sin embargo , una vez que vienen al Señor , nosotros también saber que Jesús añade: " *nadie puede llegar a Dios sin pasar a través de él (Jesús)* " . Finalmente, ¿cuál es el objetivo de nuestro caminar cristiano ? ¿ Y qué es la Iglesia de Cristo ? ¿Puede ser una organización denominacional ? - ¿Las Asambleas Cristianas tienen que depender de alguna agencia gubernamental para probar que son la Iglesia de Cristo?

Mientras los verdaderos cristianos se preparan para afrontar la peor persecución de la historia santa , por el " ***666*** " que pronto condicionará a todo hombre , - ¿Deberían nuestras finanzas como los diezmos comprometerse para ganarnos el cielo ? - ¿Está Cristo todavía presente en estas denominaciones llamadas Iglesias? - ¿Quién debería ser la cabeza de la Iglesia de Cristo? - ¿Cómo se están construyendo actualmente las comunidades cristianas bajo el único Pastor , Jesucristo? - ¿Tiene la Iglesia de

Cristo líderes visibles ? - ¿Puede esta Iglesia de Cristo mantener la corrupción ? ¿Puede comprometer tan poco nuestra salvación por algunas doctrinas no bíblicas? ¿Qué iglesia de hecho hoy está perfectamente de acuerdo con la santa voluntad de Cristo revelada en la Biblia ?

Para todas estas preguntas y tantas otras que sin duda olvidamos , la colección `` *Que los que lean , presten atención* '' , ofrece exclusivamente respuestas bíblicas sencillas y bastante completas según cada tema abordado. Las respuestas a estas preguntas anteriores en enunciado , digámoslo , solo se darán a los corazones humildes , por eso esta serie cristiana *"Tenga cuidado el que lee"* , es una serie de mensajes vivos. Fueron diseñados con las necesidades espirituales de nuestra generación en mente , especialmente las profecías que la Biblia , a través de la revelación y la enseñanza doctrinal de Cristo , los apóstoles y profetas de la antigüedad , nos invita a escudriñar día y noche sin descanso. en una vida de oración , su cumplimiento , a fin de darnos la fuerza para comparecer ante el Hijo de Dios en el último día. Aquí está la promesa de Cristo a su Iglesia , *" Al que venza , y guarda mis obras hasta el fin , yo le daré autoridad sobre las naciones.* » Apocalipsis 2:26

NB: A menos que se indique lo contrario , las referencias bíblicas citadas en los estudios están tomadas de la versión de las Sagradas Escrituras (Louis Second). Y para cada tema , puede consultar el resumen sobre la indicación ordinal (pregunta-respuesta) . Un ny reacción particular , podría provocar un soporte bíblico y / o comunidad personalizado , aunque sea poco , si usted manifiesta a sí mismo en nuestra página web , por WhatsApp llamada telefónica o en nuestra dirección de correo electrónico marcada en la parte inferior de cada página.

De este modo, la Iglesia les presenta una serie de *" 27 estudios bíblicos "* , complementando la mayor cantidad de mensajes de video y audio en una versión electrónica descargable desde el sitio web *www Christians-Église.org* . ¡Todo esto por igual número de folletos , que se ofrecerán gradualmente , como el Señor Yahvé Dios provee con misericordia y gracia en Jesucristo!

Toda esta colección se ofrece de forma gratuita , con el fin de respetar el espíritu de Cristo que nos recomendó donarla , ya que la recibimos gratis :

¡ENTONCES NO DEBE A NADIE VENDER ESTA PALABRA DE DIOS !

Pero primero , lo invitamos a recibir la carta del autor escrita para sus lectores. Esta carta podría servir como hoja de ruta y guía educativa. Sin embargo , nunca es cristiano a creer que nuestro Señor actuará de forma idéntica en todos los casos , durante su crecimiento espiritual , o durante la pastoral de evangelización a través de usted. Es por ello que, una vez más , los invitamos a permanecer atentos a su voz espiritual , a través del canal infalible que representa para cualquiera , la lectura asidua de su palabra , la Biblia .

Hermanos y hermanas , que la paz de Dios que sobrepasa todo entendimiento , guardará vuestros pensamientos en Cristo Jesús ! ".

Bienvenido , tomando con la Iglesia , la pequeña manera muy estrecha que conduce en la eternidad , y de los cuales sólo el Hijo de Dios , es la Guía y el Pastor Soberano . ..

En primer lugar , le aconsejaremos durante su estudio bíblico que sea crítico con el significado de las doctrinas que abordarán estas santas cartas. En esto , seguirás las recomendaciones de los Apóstoles según Hechos 17:11. " Estos judíos tenían sentimientos más nobles que los de Salónica; pues recibieron la palabra con toda solicitud , y se examinaron las Escrituras todos los días para ver si lo que se decía de ellos era correcta. "

A medida que crece como cristiano , lea su Biblia con regularidad. Escuche al Espíritu Santo. Comparta esta riqueza con otros. Sea generoso , especialmente con los que le rodean. Sepa cómo fomentar las iniciativas de estudios comunitarios. Probar a los que por un espíritu de crítica vano , que acusará de un sectario. Lucha sin dejarte distraer por los enemigos de tu alma. Simplifique su vida cristiana. Ayude a los pobres de su vecindario , comenzando por los miembros de su familia. Participe en campañas de evangelización pública. Explotar todos los nichos de comunicación , y se extendió la noticia buena como sembradores de vida !

No ignore a nadie en sus oraciones. Invoca el favor de Yahvé Dios a los que te escuchan , pero también a los que te resistirán. " No tener enemigos ... , vivir en paz con todo ... , y estar en perfecta armonía ... " , con toda la Iglesia de Cristo local en el país , ciudad o distrito de su residencia.

Hermanos y hermanas , " huid del pecado " y " sed santos " porque " nuestro Dios es Santo. " Y en agradecimiento a Dios por haberte salvado y enviado " , cántale constantemente y cánticos espirituales bajo la inspiración de su Espíritu. "

Como has " recibido gratis " , ¡no rompas esta cadena de solidaridad ! Con los nuevos discípulos , comenzará con la presentación del Evangelio , y luego tratar temas doctrinales sobre la base de su audiencia y sus necesidades espirituales. Podrás elegir los temas que más te convengan , obedeciendo la voz del Espíritu Santo. Y como el " eunuco etíope " debes saber que Cristo se les unirá en el camino cuando te tomes la molestia de enseñárselo , especialmente a los jóvenes. Entréguense a sus Hermanos Cristianos " como ofrenda a Dios " , porque " la mies es mucha pero los obreros pocos. " Además , recuerda la promesa de Cristo en la parábola de " obreros de la última hora "

Así, " nuestro gozo será perfecto " al saber que van camino a la patria celestial , siendo hijos de Dios y siervos de Cristo , si han aprendido que " no hay mayor amor que dar la vida por aquellos a quienes amamos " . amor " . Así como " hay más alegría en dar que en recibir "

Por último , alégrate , esperando a nuestro Salvador Jesús , que " no olvidará tu participación en la propagación del evangelio y el mensaje de la verdad " . No temas sino a Dios mismo. Y luego , muy rápidamente cuéntanos sobre tu testimonio : dones que el Espíritu Santo te habrá otorgado , con miras a perfeccionar el cuerpo de Cristo. " ¡ Sean bendecidos en todos los sentidos ! "

Entonces , " **AMADOS** *" , reciban estos estudios bíblicos como un regalo del Señor Jesús , transmitidos por el ministerio de evangelización de su Iglesia en Camerún , por su devoto servidor y modesto hermano de África , que quiere recordarles que YEHWEH Dios , por su Hijo Jesucristo , os ama con Amor Eterno. También crea en nuestro devoto afecto fraterno , a través del anticipo del Espíritu Santo. Amén .*

NB: *En el extremo del th es B estudio ble , de este título , se encuentran los diferentes temas propuestos en la colección de estudio de la Biblia "Que el que lee, sea cuidadoso". Recordamos a los lectores que esta serie de estudios bíblicos cristianos está disponible sin cargo para su edificación en www.chrétiens-Église.org*

CAMERÚN SAMUEL , Apóstol del SEÑOR JESUCRISTO .

camerounsamuel@gmail.com Tel + 237 690600469 o + 237 679647767

TEXTO INTRODUCTORIO

Juan 20 : 1- 21

"El primer día de la semana , María Magdalena fue al sepulcro por la mañana. (...) Corrió a Simón Pedro y al otro discípulo a quien Jesús amaba , y les dijo: Se han llevado del sepulcro al Señor , y no sabemos dónde lo han puesto. Pedro y el otro discípulo ... fueron al sepulcro. Ambos corrían juntos . (...) Porque todavía no entendían que , según la Escritura , Jesús tenía que resucitar de entre los muertos. (...) Sin embargo , María estaba afuera, cerca del sepulcro , y lloraba. Mientras lloraba , se inclinó para mirar dentro del sepulcro; y vio a dos ángeles vestidos de blanco , sentados en el lugar donde el cuerpo de Jesús había sido mintiendo , uno a la cabecera , el otro a los pies. Le dijeron : Mujer , ¿por qué lloras? Ella les respondió : Porque se llevaron a mi Señor , y no sé dónde lo pusieron. Mientras decía esto , se dio la vuelta y vio a Jesús de pie; pero ella no sabía que era Jesús. Jesús le dijo : Mujer , ¿por qué lloras? ¿A quién estás buscando? Ella , pensando que era el hortelano , le dijo , Señor , si fue usted

quien se lo llevó , dime dónde lo han puesto , y yo lo llevaré. Jesús le dijo: ¡María! Ella se dio la vuelta y le dijo en hebreo: ¡Rabúuni! ¡Es decir , Maestro! Jesús dijo a ella , Toque mi no; porque todavía no he subido a mi Padre. Pero ve a buscar a mis hermanos y diles que subo a mi Padre y vuestro Padre , a mi Dios y vuestro Dios. María Magdalena fue a decir a los discípulos que había visto al Señor , y que él le había dicho estas cosas. En la tarde de ese día , que fue el primero de la semana , las puertas del lugar donde los discípulos estaban cerradas , debido a su miedo de los Judios , se presentó Jesús en medio de ellos , y les dijo , la paz sea con ¡usted! Y cuando hubo dicho eso , les mostró las manos y el costado. Los discípulos se llenaron de alegría cuando vieron al Señor. (…) Como el Padre me envió , yo también los envío a ustedes . "

INTRODUCCIÓN

EL GLORIOSO ABDUCCIÓN SEGÚN EL APOCALIPSIS

El regreso de Jesús , que regresa para recoger a los suyos , es el gran tema de la Biblia. Uno de cada once versículos en el Nuevo Testamento , y 2 , 500 en toda la Biblia , habla de este evento , aunque esta palabra no se encuentra en la Biblia.

Este evento es el objetivo final de la profecía bíblica y es más evidente en *Apocalipsis* que en cualquier otro libro bíblico. Estudiar *Apocalipsis* es conocer eminentemente el regreso de Jesús y el rapto de los santos. Es fácil ver por qué Satanás busca evitar que la gente lea Apocalipsis.

Es sorprendente recordar que cuando llegó por primera vez , cuando era un bebé en Belén , todos se sorprendieron. Nadie estaba preparado , a pesar de los cientos de profecías del Antiguo Testamento que predijeron este regreso con asombrosa munición.

Pero la gente aplicó falsamente las profecías de la Segunda Venida e ignoró las relacionadas con su Primera Venida. Así que lo rechazaron cuando llegó como un niño de una familia pobre.

La historia siempre se repite. Es desgarrador tener en cuenta , pero es posible que los cristianos están ocupados misapply los cientos de profecías relacionadas nt su segunda venida ?

¿Algunos estarían en el proceso de prepararse para una sorpresa impensable ? Hablando de su regreso , Jesús advierte claramente. En Mateo 24 : 4 dice : " *Mirad que nadie os engañe* " . Agrega que los conceptos erróneos sobre el rapto serán tan poderosos y convincentes que " *si fuera posible, incluso los elegidos serían engañados* " . *Luego advierte solemnemente* : " *Aquí te lo dije de antemano* " . Hoy decimos : " *Te lo había advertido* " .

A la luz de esta solemne advertencia de Jesús , oremos ahora mientras estudiamos estas profecías para saber qué revelan acerca de este bendito rapto.

JESÚS VOLVERÁ

1. ¿Cómo hablan los ángeles sobre el regreso de Jesús ?

Hechos
9 : 11 " *Se . ...*
.... del camino . "

Nota :

a. Lo vieron irse, será visible

b. Se fue en una nube - Regresará en una nube

c. Partió corporalmente - Regresará corporalmente

Su ascenso fue, por tanto , literal , visible y corporal. Su regreso también lo será.

2. ¿Qué dice Apocalipsis sobre el regreso de Jesús ? Apocalipsis
1 : 7 " *He aquí , él .... Con el*
.... "

3. ¿Cómo muestra Jesús su amor por quienes lo crucificaron ? Apocalipsis 1 : 7

" He aquí , que viene con las nubes. Y todo ojo lo verá , incluso los que lo traspasaron; y todas las tribus de la tierra harán duelo por él. Si. ¡Amén! "

4. ¿Qué significa que todo ojo lo verá ? 1 Tesalonicenses 4 : 14 - 17

" Porque si creemos que Jesús está muerto y que ha resucitado , nosotros también creemos que Dios va a traer de vuelta a través de Jesús y con él los que murieron. Esto es lo que os decimos conforme a la palabra del Señor: Nosotros que vivimos , que permanecemos hasta la venida del Señor , no nos adelantaremos a los muertos. Porque el Señor mismo , a una señal dada , por la voz de un arcángel , y por el sonido de la trompeta de Dios , vendrá bajado del cielo , y los muertos en Cristo serán levantados primero. Entonces nosotros los vivos , que quedaremos , seremos arrebatados con ellos en las nubes , para encontrarnos con el Señor en el

aire , y así estaremos siempre con el Señor. "

5. ¿Cuántas resurrecciones hay ? Apocalipsis 20 : 4

" Y vi tronos; ya los que estaban allí sentados se les dio poder para juzgar. Y vi las almas de los que habían sido decapitados por el testimonio de Jesús y por la palabra de Dios , y por los que no habían adorado a la bestia y su imagen , y recibieron la marca. en la frente y en la mano. Nacieron de nuevo , y reinaron con Cristo mil años. "

6. ¿Cuál es el destino de los incrédulos durante la resurrección de los justos ? Apocalipsis 20 : 5

" Los demás muertos no volvieron a vivir hasta que se cumplieron mil años. Esta es la primera resurrección. "

7. La Biblia listas cuántos resurrección s y el número de muertes ? Apocalipsis 20 : 6

"¡ Felices y santos los que participan en la primera resurrección! La segunda muerte no tiene poder sobre ellos; pero serán sacerdotes de Dios y de Cristo , y reinarán con él mil años. "

8. ¿Cuánto tiempo durará la sentencia de Satanás en la oscuridad del desastre de 1000 años ? Apocalipsis 20 : 7 - 9

" Cuando se completen los mil años , Satanás será liberado de su prisión. Y saldrá a engañar a las naciones que están en los cuatro confines de la tierra , Gog y Magog , para reunirlos para la guerra; su número es como la arena del mar. Y subieron sobre la faz de la tierra , y rodearon el campamento de los santos y la ciudad amada . Pero fuego descendió del cielo y los devoró. "

9. ¿Elimina el diablo a los que serán destruidos en las llamas del infierno o es su ejecutor ? Apocalipsis 20 : 10

" Y el diablo , que los engañaba , fue arrojado al lago de fuego y azufre , donde están la bestia y el falso profeta. Y serán atormentados día y noche , por los siglos de los siglos. "

10. ¿Quiénes son las personas afectadas por la visión de Jesús en el último día ? Apocalipsis 1 : 7

" He aquí , que viene con las nubes. Y todo ojo lo verá , incluso los que lo traspasaron ; y todas las tribus de la tierra harán duelo por él. Si. ¡Amén! "

11. En la primera resurrección, ¿quiénes serán afectados ? 1 Tesalonicenses 4 : 16-17

" Porque el Señor mismo , a una señal dada , por la voz de un arcángel , y por el sonido de la trompeta de Dios , descenderá del cielo , y los muertos en Cristo serán levantados primero. Entonces nosotros los vivos , que quedaremos , seremos arrebatados junto con ellos en las nubes , para encontrarnos con el Señor en el aire , y así estaremos siempre con el Señor. "

12. ¿Debemos creer que Jesús les garantizó la salvación a los soldados que lo crucificaron? Apocalipsis 1 : 7

" He aquí , que viene con las nubes. Y todo ojo lo verá , incluso los que lo traspasaron ; y todas las tribus de la tierra harán duelo por él. Si. ¡Amén! "

13. ¿Cómo se expresa la fe de los soldado s que crucificaron ? Mateo 27:54

" El centurión y los que estaban con él para custodiar a Jesús , al ver el terremoto y lo que había pasado , tenían gran temor , y dijo: Verdaderamente este hombre era Hijo de Dios. "

14. En cuanto a los restos de los perdidos , ¿cómo estarán cuando Cristo regrese ? Apocalipsis 1 7 : 1

" He aquí , que viene con las nubes. Y todo ojo lo verá , incluso los que lo traspasaron; y todas las tribus de la tierra harán duelo por él. Si. ¡Amén! "

15. ¿Qué s tribu s se ahorrarán s lament el regreso de Cristo y el fin del mundo ?

Apocalipsis 7 : 3 - 4 *" No dañes la tierra , ni el mar , ni los árboles , hasta que sellemos el frente de los siervos de nuestro Dios. Y oí el número de los sellados , ciento cuarenta y cuatro mil , de todas las tribus de los hijos de Israel . .. "* Apocalipsis 14 Apocalipsis 14 : 1*" Miré , y he aquí , el Cordero estaba en pie sobre el monte de Sion , y con él ciento cuarenta y cuatro mil personas , que tenían su nombre y el nombre de su Padre escritos en sus frentes . "*

16. ¿Qué nos lleva a creer que Jesús trabajó por la salvación de sus verdugos ? Lucas 23 : 33-34

" Cuando llegaron al lugar llamado cráneo , lo crucificaron allí , ya que además de los dos malhechores , uno a la derecha , el otro a la izquierda. Jesús dijo: Padre , perdónalos , porque no saben lo que hacen. Se repartieron su ropa , una gran cantidad de tirarlos. "

17. ¿Qué significado se atribuye a las nubes ? Salmo 104 : 3-4 ; 68 : Salmo 68 : 17 - 18

" Los carros del Señor están contados por veinte mil , por millares y por millares; El Señor está entre ellos , el Sinaí está en el santuario. "

Nota : En Mateo 25:31 Jesús dice que todos los ángeles de su Padre lo acompañarán. Miríadas de ángeles resplandecientes cubrirán el cielo como lo hacen las nubes.

18. ¿Quién verá a Jesús cuando regrese ? Apocalipsis 1 : 7

" He aquí , que viene con las nubes. Y todo ojo lo verá , incluso los que lo traspasaron; y

todas las tribus de la tierra harán duelo por él. Si. ¡Amén! ".

Nota : Esto es demasiado claro para malinterpretarlo. Cualquiera que viva en la tierra verá regresar a Jesús. Esto incluye tanto a los elegidos como a los perdidos. Mateo 24 : 30 , dice así que " *todas las tribus de la tierra llorar su apariencia.* "

19. ¿Qué hacen los ángeles cuando aparece ? Mateo 24:31

" Enviará a sus ángeles con el toque de trompeta , y juntarán a sus escogidos de los cuatro vientos , desde un extremo de los cielos hasta el otro. "

Nota : Jesús claramente nos ordena que no vayamos a los falsos Cristos. Cuando desobedecemos tal orden , nos pondremos en peligro y el Diablo tendrá una gran ventaja sobre nosotros. Si vas , cuando Jesús dijo *"no te vayas , "* estás en gran peligro de ser engañado.

20. ¿ Enseña Jesús un rapto secreto ?

a. Mateo 24:27 " *Porque como la luz viene del oriente y se manifiesta hasta el occidente , así será la venida del Hijo del Hombre.* "

Nota : No hay ningún secreto cuando cae un rayo.

b. En 1 Tesalonicenses 4 : 16 " *Para el Señor mismo , en una señal de Dada , la voz de arcángel , y con trompeta de Dios, descenderá del cielo y los muertos en Cristo resucitarán primero.* " *Y en el libro de* 1 Corintios 15 : 51 - 52 *Pablo dice de nuevo :* " *he aquí , os digo un misterio: no todos moriremos , pero vamos a todo ser cambiado , en un momento , en un abrir de ojo , a la última trompeta. la trompeta sonará , y los muertos serán resucitados incorruptibles , y nosotros seremos cambiados.* "

Nota : De nuevo, no hay nada secreto. De hecho, Jeremías declara que el Señor rugirá desde lo alto , un clamor que se oirá hasta los confines de la tierra , cuando él regrese. Jeremías 25 : 29 - 31 " *Para , he aquí , en la ciudad sobre la cual es invocado mi nombre yo comienzo a hacer mal; ¡Y tú , quedarías impune! No quedarás impune; Porque clamaré espada sobre todos los habitantes de la tierra , dice el SEÑOR de los ejércitos. Y serás profetiza todas estas cosas a ellos , y decir a ellos , Jehová rugirá desde lo alto; Desde su santa morada hará resonar su voz; Él va a rugir contra el lugar de su residencia; Él clamará , como los que pisan el lagar , contra todos los habitantes de la tierra. El ruido llega hasta los confines de la tierra; Porque Jehová disputa con las naciones , juzga a toda carne; Entrega a los impíos a espada , dice el Señor.* "

21. ¿Es el regreso de Cristo un evento que concierne a cualquier parte de la tierra ? Jeremías 25:32 - 33

" *Así ha dicho Jehová de los ejércitos; He aquí , calamidad va de nación en nación , y una gran tormenta viene de los confines de la tierra. Aquellos que el Señor da la muerte en ese día se extenderán desde un extremo de la tierra hasta el otro ; No serán llorados , ni recogidos , ni enterrados , serán como estiércol en la tierra. "*

22. ¿Y estos pretendidos pastores que seducen al pueblo con milagros diabólicos ? *Jeremías 25 : 34 - 37*

" ¡ Lloren , pastores , y lloren! ¡Rueden por las cenizas , pastores! Porque han llegado días en que morirás. Voy a romper , y se caerá como un recipiente del premio. ¡No más refugio para pastores! ¡No más salvación para los pastores! Oímos los gritos de los pastores , Los gemidos de los pastores; Porque el Señor está destruyendo sus pastos. Las moradas pacíficas son destruidas por el ardor de la ira del Señor. "

23. ¿Qué figura muestra la tierra ? *Jeremías 25:38*

" Dejó su casa como un cachorro de león en su guarida; Porque su tierra ha quedado reducida

a un desierto por la ira del destructor y por el ardor de su ira. "

24. ¿Qué les sucede a los justos en el rapto ?

a. 1 Corintios 15 : 51 - 52 " *He aquí , os digo un misterio: Nosotros no todos mueren , pero vamos a todo ser cambiado , en un instante , en un abrir de ojos , a la trompeta final. La trompeta sonará , y los muertos serán levantados sin corrupción , y nosotros será cambiado. "*

B. 1 Tesalonicenses 4 : 16 " *Porque el Señor mismo con voz de mando , con voz de arcángel , y con trompeta de Dios , descenderá del cielo; y los muertos en Cristo resucitarán primero. "*

vs. 1 Tesalonicenses 4:17 " *Entonces nosotros, los que estemos vivos y los que quedamos, seremos arrebatados junto con ellos en las nubes , para recibir al Señor en el aire , y así estaremos siempre con el Señor. "*

Nota : Cuando Jesús regrese , los justos muertos , resucitarán con el nuevo cuerpo , inmortal. Como para los justos que viven , que seremos arrebatados juntamente con ellos para recibir al Señor en las nubes de los ángeles , que llenan el cielo de gloria indescriptible.

25. ¿Qué género de santos del cuerpo tenemos re s ?

a. Filipinas 3 : 20 - 21 *" Pero nuestra ciudad está en los cielos , de donde también esperamos como Salvador al Señor Jesucristo , quien transformará el cuerpo de nuestra humillación , haciéndolo como el cuerpo de su gloria , por el poder que él tiene que subyugar todas las cosas. "*

B. Lucas 24:36 - 45 *" Mientras ellos estaban haciendo así esta , él mismo se situó entre ellos , y dijo a ellos , la paz sea con vosotros! Presa del miedo y el terror , creyeron ver un espíritu. Pero él les dijo , ¿Por qué estáis turbados , y por qué son tales pensamientos en aumento en sus corazones? Mira mis manos y mis pies , soy yo; tócame y ve: un espíritu no tiene carne ni huesos , como ves que yo tengo. Y diciendo esto , les mostró las manos y los pies. Ya que aún no creían en su alegría , y* *se sorprendieron , les dijo , ¿Tiene algo para comer aquí? Le obsequiaron pescado asado y un panal de miel. Tomó un poco y comió frente a ellos. Entonces él les dijo , Esto es lo que te dije cuando todavía estaba con ustedes , que todo lo que está escrito de mí en la ley de Moisés , en los profetas , y en los salmos. Así que les abrió el entendimiento para ellos , para que comprendiesen las Escrituras. "*

26. ¿Qué cuerpos de los santos podemos pensar del fueron resucitados por la muerte de Jesucristo ? *Éxodo 13:19*

" Moisés tomó consigo los huesos de José; para Joseph hicieron los hijos de Israel jurar , diciendo , Dios le visitará , y le llevará hasta mis huesos con ustedes desde aquí. " Génesis 23 : 19-20 " Después de esto sepultó Abraham a Sara su mujer en la c ave del campo de la Macpelah , frente a Mamre , que es Hebrón , en la tierra de Canaán. El campo y la cueva que estaba en él quedaron para Abraham como posesión sepulcral , adquirida de los hijos de

Het. "

27. ¿Cómo resucitaron ? Mateo 27 : 50 - 5 4

" Jesús dejó escapar un fuerte grito de nuevo , y entregó el espíritu. Y he aquí , el velo del templo se rasgó en dos , de arriba a abajo , la tierra tembló , las rocas se partieron , los sepulcros se abrieron , y muchos cuerpos de santos que estaban muertos fueron levantados . Saliendo de los sepulcros, después de la resurrección de Jesús , entraron en la santa ciudad , y aparecieron a un gran número de personas. El centurión y los que estaban con él para mantener a Jesús , al ver el terremoto y lo que había pasado , tenían gran temor , y dijo , Verdaderamente este hombre era Hijo de Dios. "

28. A su regreso , ¿ Jesús pisará la nueva tierra de sus pies , o permanecerá en el aire ?

1 Tesalonicenses 4 : 17 , " *Entonces, ¿quién estamos vivos , que se quedan , todos vamos a estar juntos secuestrado junto con ellos en las*

nubes para recibir al Señor en el aire, y . Así estaremos siempre con el Señor "

Nota : Jesús prometió venir y hacer que su gente se los llevara al cielo. *Juan 14 : 1-3* . Nunca prometió que reinaría inmediatamente (después de su regreso) sobre la tierra en su estado de pecado ; Juan ve a los redimidos ante el trono celestial adonde Jesús los condujo después de encontrarse con ellos en el aire. *Revelación 7 : 9-10 " Después de esto miré , y he aquí , había una gran multitud , la cual nadie podía contar , de toda nación , y de toda raza , de cada pueblo , y de cada lengua. Se pararon delante del trono y delante del Cordero , vestidos con trajes blancos , y con palmas en sus manos. "*

APARECERAN CRISTIANOS FALSOS

29. ¿Cómo podrá identificar a un impostor ?

Nota: Imagine que en Jerusalén , un ser glorioso aparece de repente , que dice ser Cristo y corresponde a la descripción de Jesús en Apocalipsis 1 : 13-17 " *y , en medio de los siete candeleros , alguien que parecía un hijo de hombre , que llevaba una túnica larga , y que tiene una cinta de oro en el pecho. Su cabeza y cabello eran blancos como la lana , blancos como la nieve; sus ojos eran como una llama de fuego; sus pies eran como bronce caliente , como si lo hubieran incendiado en un horno; y su voz era como el sonido de grandes aguas. Tenía siete estrellas en su mano derecha. De su boca salía una aguda , la espada de dos filos; y su rostro era como el sol cuando brilla en su fuerza. Cuando lo vi , caí a sus pies como muerto. Él puso su mano derecha sobre mí , diciendo: No temas!* "

Nota : Se comienza a predicar con poder de hermosa verdades bíblicas , llamando al fuego del cielo en la tierra , sanando a los enfermos , detener las guerras , la lectura de mentes , bendiciendo a los niños, etc . ..

30. ¿Cuál sería tu reacción ?

Respuesta : ....
....

31. ¿Cómo sabremos que es un falso Cristo ? 1 Tesalonicenses 4 : 9-18

" En cuanto al amor fraternal , que no tiene que ser escrito a usted ; porque ustedes mismos han aprendido de Dios a amarse unos a otros , y esto también es lo que están haciendo con todos los hermanos en toda Macedonia. Pero le instamos , hermanos , a abundar cada vez más en este amor , y para poner su honor de vivir en paz , a la mente sus propios asuntos , y para el trabajo con sus manos , como lo hemos recomendado a usted , de manera que usted se comporta con honestidad hacia los de afuera , y que no necesitas a nadie. No queremos que ignoréis a los que duermen , hermanos , para que no os entristezcáis como otros que no tienen

esperanza. Porque , si creemos que Jesús está muerto y que ha resucitado , nosotros también creemos que Dios va a traer de vuelta a través de Jesús y con él los que murieron. Esto es lo que os decimos conforme a la palabra del Señor: Nosotros que vivimos , que permanecemos hasta la venida del Señor , no nos adelantaremos a los muertos. Porque el Señor mismo , a una señal dada , por la voz de un arcángel , y por el sonido de la trompeta de Dios , descenderá del cielo , y los muertos en Cristo serán levantados primero. Entonces nosotros los vivos , que quedaremos , seremos arrebatados junto con ellos en las nubes , para encontrarnos con el Señor en el aire , y así estaremos siempre con el Señor. Así que consolaos unos a otros con estas palabras . "

Nota : Porque a su regreso Jesús aparece en el aire y no en la tierra.

SATANÁS Y SUS MINISTROS PARA ENMASCARARSE DE CRISTO EN SU SIMULACIÓN POU VOI R PARA LOS HOMBRES PERDIDOS

32. ¿Se llevará a cabo esta mascarada en este fin del mundo , y cómo ?

Nota: si. Debemos recordar que el diablo :

a) APARECE COMO UN ÁNGEL DE LUZ ; 2 Corintios 11:14 - 15 *" Y esto no es sorprendente , ya que el mismo Satanás se disfraza de ángel de luz. Por tanto, no es extraño que sus ministros también se disfrazen de ministros de justicia. Su fin será conforme a sus obras. "*

b) HACE MILAGROS ; Apocalipsis 16 : 14, " *Porque son espíritus de demonios , que hacen señales , qui van a los reyes de todo el mundo , para recoger 'em a la batalla de . Aquel gran día del Dios Todopoderoso* " , 2 Tesalonicenses 2 : 9 - 12 " *La aparición de este inicuo se hará , por el poder de Satanás , con toda clase de milagros , señales y prodigios mentirosos , y con todas las seducciones de la iniquidad para aquellos que perecen porque no recibieron el amor del la verdad para ser salvo. por eso Dios les envía un poder de engaño , que creen en una mentira , de modo que todos los que no creen en la verdad , sino que tomó el placer en la injusticia , sean condenados.* "

c) HACER HACER EL FUEGO DEL CIELO : Apocalipsis 13 : 13 -18 " *Hizo grandes maravillas , hasta el punto de hacer descender fuego del cielo a la tierra , a la vista de los hombres. Y ella engañó a los habitantes de la tierra con las maravillas que le fueron dadas para hacer en presencia de la bestia , diciendo a los habitantes de la tierra que le hicieran una imagen a la bestia que tenía la herida de espada y que* *vivía. . Y le fue dado animar la imagen de la bestia , para que la imagen de la bestia hablara , y causara que todos los que no adoraran la imagen de la bestia fueran muertos. Y ella hizo que todos , pequeños y grandes , ricos y pobres , libres y esclavos , recibieran una marca en su mano derecha o en su frente , y que nadie pudiera comprar o vender , sin tener la marca , el nombre de la bestia. . o el número de su nombre. Aquí está la sabiduría. El que tiene entendimiento, calcule el número de la bestia. Porque es un número de un hombre , y su número es seiscientos sesenta y seis.* "

d) UTILIZAR LAS SAGRADAS ESCRITURAS ; Mateo 4 : de 5 - 7 " *El diablo lo llevó a la ciudad santa , lo puso en la parte superior del templo , y le dijo , Si eres Hijo de Dios , tírate abajo; porque escrito está : Él dará órdenes a sus ángeles acerca de ti; Y te llevarán en sus manos , lastrarás , golpees tu pie contra una piedra. Jesús le dijo , También está escrito , No tentarás al Señor tu Dios.* "

e) ES HERMOSO Y SABIO ; Ezequiel 28 : 12 - 19 " *¡ Hijo de hombre , pronuncia un lamento por el rey de Tiro! Usted dirá a aquel , así dice el Señor DIOS: Se establece el sello sobre la perfección; Usted estaba lleno de sabiduría , y acabado de hermosura. Estabas en el Edén , el jardín de Dios; Que estuvo cubierto con todo tipo de piedras preciosas , con sardony , con topacio , con diamantes , con berilo , con ónice , jaspe , con zafiro , con carbunclo , con la esmeralda , y oro; Tus panderos y flautas estaban a tu servicio , preparados para el día en que fuiste creado. Eras un querubín protector con las alas extendidas; Te había colocado y estabas en el santo monte de Dios; Caminabas entre las piedras centelleantes. Perfecto has sido en todos tus caminos desde el día en que fuiste creado hasta el día en que se halló en ti maldad. Por la grandeza de tu comercio te llenaste de violencia , y pecaste; Te arrojo del monte de Dios , y te destruyo , querubín protector , de en medio de piedras resplandecientes. Tu corazón se enalteció por tu hermosura , corrompiste tu sabiduría con tu* *resplandor; Te arrojo al suelo , te entrego como espectáculo a los reyes. Con la multitud de tus iniquidades , con la injusticia de tu oficio , has profanado tus santuarios; Puedo llevar a cabo un fuego de entre vosotros que devora te , te reducen a ceniza sobre la tierra , a los ojos de todos los que miran a usted . Todos los que te conocen entre los pueblos se asombran de ti; Estás reducido a nada , ¡nunca volverás a serlo! "*

33. ¿Será seguro ir y ver a un falso Cristo ?

Mateo 24 : 23 - 26 " *Si alguien dice entonces a usted: Cristo está aquí , donde : Él está allí , no lo creo. Porque se levantarán falsos Cristos y falsos profetas; harán grandes maravillas y milagros , hasta el punto de seducir , si es posible , incluso a los elegidos. Toma , te lo dije de antemano. Por tanto, si os dicen , He aquí , él está en el desierto , no vayáis; he aquí , él está en los aposentos , no le creáis. "*

Calificación : No Jesús dijo : " *No vayas* " . Jesús claramente nos ordenó que no fuéramos a ver falsos Cristos. Cuando desobedecemos tal orden , vamos a estar en peligro y el diablo en una gran ventaja sobre nosotros. Si vas allí cuando Jesús dijo " *no vayas* " , estás en gran peligro de ser engañado.

34. ¿Qué harán los malvados durante el rapto ?

Apocalipsis 6:14 - 17

" El cielo retrocedió como un libro enrollado; y todas las montañas y las islas fueron removidas de sus lugares. Los reyes de la tierra , los grandes , los jefes militares , los ricos , los poderosos , todos los esclavos y los hombres libres , se escondieron en las cuevas y en las rocas de las montañas. Y dijeron a los montes ya las peñas : Caed sobre nosotros , y escóndenos del rostro del que está sentado en el trono , y de la ira del Cordero; porque ha llegado el gran día de su ira , ¿ y quién podrá resistir? "

35. ¿Qué les sucede a los malvados durante el rapto ?

2 Tesalonicenses 1 : 6 - 10 " *Porque justicia de Dios es recompensar la tribulación a tus afligidos , y darte a ti , que estás angustiado, descanse con nosotros , cuando el Señor Jesús desde el cielo con los ángeles de su poder , en medio de una llama de fuego , para castigar a los*

que no conocen a Dios y a los que no obedecen el Evangelio de nuestro Señor Jesús. Su castigo será la ruina eterna , lejos de la presencia del Señor y de la gloria de su poder. , cuando llegue a ser , en ese día , glorificado en sus santos y admirado en todos los que creen , porque nuestro testimonio para ti ha sido creído " . Isaías 11 : 4 " *Pero él juzgará a los pobres con justicia , y pronunciará con justicia sobre los pobres de la tierra; herirá la tierra con su palabra como con vara , y con el aliento de sus labios matará al impío " .*

36. ¿Por qué Dios no les da a los malvados una segunda oportunidad ? 2 Tesalonicenses 2 : 10 - 12

" *Y con toda injustos engaño piojo r los que se pierden , porque no recibieron el amor de la verdad para ser salvos. Así que Dios envía a un poder de la ilusión , que creen en una mentira , de modo que todos los que no creen en la verdad , pero quien se complació en la injusticia , puede ser condenado " .*

Nota : Los Perdidos también despreciaron una segunda oportunidad. Se rebelaron una vez más , a causa de sus corazones malvados. Desafiaron a Dios al decidir desobedecerlo , incluso después de que Dios les reveló Su maravilloso amor a través de Su Hijo Jesucristo. De hecho , serían miserables en el cielo , porque sus vidas están en total discordia con el amor de Dios y su verdad.

37. ¿Cómo será la gloria después del rapto ?

Lucas 09:26 " Porque el que se avergüence de mí y de mis palabras , el Hijo del hombre se avergonzará de él , cuando venga en su gloria , y en la del Padre y de los santos ángeles. "

Nota : La gloria de un solo ángel es suficiente para hacer que toda la guardia romana se derrumbe como muerta ante la tumba de Jesús. *Mateo 28 :* 2-4. Luego trate de visualizar la gloria de miles de millones de ángeles , más la de Dios el Padre y la de Jesús el Hijo. Sí, Jesús regresa con poder y gloria.

38. ¿Qué harán Cristo y sus ejércitos a las naciones ?

Apocalipsis 19 : 11-16 " *Entonces vi el cielo abierto , y he aquí , apareció un caballo blanco. El que lo montó se llama Fiel y Verdadero , y juzga y pelea con justicia. Sus ojos eran como una llama de fuego; en su cabeza había varias diademas; tenía un nombre escrito , que nadie conoce , excepto él mismo; y estaba vestido con un manto teñido de sangre. Su nombre es la Palabra de Dios. Los ejércitos que están en el cielo lo siguieron en caballos blancos , vestidos de lino fino , blanco , puro. De su boca salió una espada afilada para herir a las naciones; los regirá con vara de hierro; y pisará el lagar del vino del ardor de la ira del Dios Todopoderoso. Tenía un nombre escrito en su manto y en su muslo: Rey de reyes y Señor de señores.* "

Nota : Todos los poderes del mal en la tierra serán destruidos.

39. ¿Cuál es el propósito principal del regreso de Jesús ?

Juan 14:23 " *Jesús le respondió : Si alguno me ama , cumplirá mi palabra , y mi Padre lo amará; iremos a él , y haremos nuestro hogar con él.* "

Nota : Jesús y el Padre esperan ansiosamente nuestro regreso a casa. ¡Qué alegría inundará este maravilloso día !

Estas son algunas de las cosas que experimentaremos :

a. **Reunirse con amigos y seres queridos ;** 1 Tesalonicenses 4 : 16-18 " *Porque el Señor mismo , a una señal dada , por la voz de un arcángel , y por el sonido de la trompeta de Dios , descenderá del cielo , y los muertos en Cristo se planteó por primera vez . Entonces nosotros los vivos , que quedaremos , seremos arrebatados junto con ellos en las nubes , para encontrarnos con el Señor en el aire , y así* *estaremos siempre con el Señor. Así que consolaos unos a otros con estas palabras. "*

B. Los ciegos verán , los sordos oirán , los paralíticos caminarán , los mudos cantarán , *Isaías 35 : 3 - 6 " Di a los de corazón turbado: Ánimo , no temáis ; He aquí tu Dios , vendrá la venganza , la retribución de Dios; Él vendrá a sí mismo , y ahorrar. Entonces se abrirán los ojos de los ciegos , los oídos de los serán sordos abiertos ; Entonces el cojo saltará como un ciervo , y la lengua de los mudos estallará de alegría. Porque las aguas brotarán en el desierto , y los arroyos en el desierto ; El glamour se convertirá en un estanque , y la tierra seca en manantiales de agua; En la guarida que servía de refugio a los chacales , crecerán juncos y juncos. Allí habrá un camino despejado , un camino , que se llamará camino santo ; Ningún inmundo pasará por ella; será solo para ellos; Aquellos que lo siguen , incluso los necios , no pueden extraviarse. En este camino , no hay león; Ninguna bestia feroz lo tomará , nadie se encontrará allí; Los entregados caminarán allí. Los redimidos de Jehová volverán; Irán a Sion con cánticos de triunfo , y gozo eterno coronará sus cabezas; Gozo y alegría* *sacarán cerca , dolor y gemidos huirán. "*

vs. No más muertes , sufrimientos , lágrimas , dolores ; Apocalipsis 21 : 3 - 5 *" Y oí una gran voz desde el trono que decía : ¡ He aquí el tabernáculo de Dios con los hombres! Morará con eu x , y ellos serán su pueblo , y Dios mismo estará con ellos. Él enjugará toda lágrima de sus ojos , y la muerte no existirá más , y no habrá duelo , ni llanto , ni dolor , porque las primeras cosas pasaron. Y el que estaba sentado en el trono dijo : He aquí , yo hago nuevas todas las cosas . Y él dijo : Escribe; porque estas palabras son ciertas y verdaderas. "*

40. ¿Cómo llama Pablo a la segunda venida de Cristo ? *Tito 2:13 " en espera de la bendita esperanza , y la manifestación de la gloria del gran Dios y de nuestro Salvador Jesucristo "*

Nota : Jesús seguramente regresará , es la esperanza bienaventurada del pueblo de Dios.

41. ¿Alguien puede saber la fecha del regreso de Jesús ? Mateo 24:36

" En cuanto al día y la hora , nadie sabe , ni los ángeles del cielo , ni el Hijo , sino el Padre solo. "

42. ¿De qué podemos estar seguros cuando regresemos ? Mateo 24 : 32-33

" Aprenda de una comparación extraída de la higuera. Tan pronto como sus ramas se vuelven sensibles , y brotan las hojas , sabéis que el verano está cerca. Asimismo , cuando vean todas estas cosas , sepan que el Hijo del Hombre está cerca a la puerta. "

Nota : Lea Mateo " 24 " y descubrirá algunas de las señales y la condición del mundo que Jesús dijo que servirían para identificar el tiempo de Su venida. Estos signos se están produciendo ante nuestros ojos. El regreso de Jesús está cerca. Está en la puerta.

SUS RECOMPENSAS ETERNAS

43. ¿Cómo serán recompensados todos ese día ? Apocalipsis 22 : 12

" He aquí , vengo pronto , y mi retribución está conmigo , para pagar a cada uno según su obra. "

Nota : La Biblia es clara. Las personas son recompensadas de acuerdo con sus trabajos.

44. ¿Qué advertencia da Jesús en

¿Mateo 24:44 ? *" Por tanto , estad preparados también vosotros , porque el Hijo del Hombre vendrá cuando no lo penséis " .*

45. Si Jesús regresara esta noche, ¿estarías listo ?

Respuesta : ....
....

CONCLUSIÓN

1 Corintios 15 : 35 - 58 " Pero que alguien diga : ¿Cómo los muertos son resucitados , y con qué cuerpo vienen? ¡ Necio ! Lo que siembras no vuelve a la vida si no muere. Y lo que siembras es no el cuerpo que nacerán; se trata de un solo grano , ya sea de trigo , o de algún otro semilla; Entonces Dios da _him_ un cuerpo lo que le plazca , ya cada semilla le da un cuerpo de hijo propio. no toda carne es la misma carne; pero otra es la carne de los hombres , otra la de los cuadrúpedos , otra la de los pájaros , otra la de los peces. También hay cuerpos celestes y cuerpos terrestres; pero otra es el resplandor de los cuerpos celestes , otra la del cuerpos terrestres. Otro es el resplandor del sol , otro el resplandor de la luna , y otro el resplandor de las estrellas; incluso una estrella difiere en brillo de otra estrella. Así es con la resurrección de los muertos. El cuerpo se siembra corruptible; resucita incorruptible; se siembra despreciable , resucita glorioso; se siembra lisiado , Que resucita lleno de fuerza; se siembra cuerpo animal , resucita cuerpo espiritual. Si hay un cuerpo animal , también hay un cuerpo espiritual. Por eso está escrito: El primer hombre , Adán , se convirtió en alma viviente. El último Adán se convirtió en un espíritu vivificante. Pero lo espiritual no es lo primero , es lo animal; lo espiritual viene después. El primer hombre , tomado de la tierra , es terrenal; el segundo hombre es del cielo. Como es el terrenal , así también es el terrenal; y como es el celestial , tales también son los celestiales. Y así como llevamos la imagen del terrenal , también llevaremos la imagen del celestial. Lo que estoy diciendo , hermanos , es que la carne y la sangre no pueden heredar el reino de Dios , y la corrupción no hereda la incorruptibilidad. He aquí , os digo un misterio: No todos moriremos , pero vamos a todo ser cambiado , en un instante , en el abrir y cerrar de ojos , a la trompeta final. La trompeta sonará , y los muertos serán levantados sin corrupción , y nosotros será cambiado. Porque este corruptible debe vestirse de incorruptibilidad , y este mortal debe vestirse de inmortalidad. Cuando este corruptible se haya revestido de incorruptibilidad , y este mortal se haya revestido de inmortalidad , entonces se cumplirá la palabra que está escrita : La muerte es devorada por la victoria. Oh muerte , ¿ dónde está tu victoria? Oh muerte , ¿ dónde está tu aguijón? El aguijón de la muerte es el pecado; y el poder del pecado es la ley. Pero gracias a Dios , que nos da la victoria por medio de nuestro Señor Jesucristo. Así que , amados hermanos míos , estad firmes , inquebrantables , trabajando cada vez mejor en la obra del Señor , sabiendo que vuestra obra no será en vano en el Señor. "

RESUMEN

9. ¿El diablo hace que se vayan los que serán destruidos en las llamas del infierno o es su ejecutor? Apocalipsis 20:10

10. ¿Quiénes son las personas afectadas por la visión de Jesús en el último día ? Apocalipsis 1: 7

11. En la primera resurrección, ¿quiénes se verán afectados ? 1 Tesalonicenses 4 : 16-17

12. ¿Debemos creer que Jesús les garantizó la salvación a los soldados que lo crucificaron? Apocalipsis 1: 7

13. ¿Cómo se expresó la fe de uno de los soldados que lo crucificaron ? Mateo 27:54

14. En cuanto a los restos de los perdidos , ¿cómo estarán cuando Cristo regrese? Apocalipsis 17 : 1

15. ¿Qué tribus se salvarán del lamento en el regreso de Cristo y el fin del
mundo? Apocalipsis 7 : 3-4 **26**

16. ¿Qué nos lleva a creer que Jesús trabajó por la salvación de sus verdugos ? Lucas 23:33 - 34

17. ¿Qué significado se le atribuye a las nubes ? Salmo 104 : 3-4 ; 68 : Salmo 68 : 17 - 18

18. ¿Quién verá a Jesús cuando regrese ? Apocalipsis 1 : 7

19. ¿Qué hacen los ángeles cuando aparece ? Mateo 24:31

ESPACIO DE INVASIÓN

20. ¿Enseña Jesús un rapto secreto ? Mateo 24:27

21. ¿Es el regreso de Cristo un evento que concierne a una parte de la tierra ? Jeremías 25:32 - 33

22. ¿Y estos supuestos pastores que seducen a la gente con milagros diabólicos ? Jeremías 25 : 34 - 37

23. ¿Qué figura muestra la tierra ? Jeremías 25:38

24. ¿Qué les sucede a los justos en el rapto ? 1 Corintios 15 : 51 - 52

25. ¿Qué tipo de cuerpos tendrán los santos para nosotros ? Filipinas 3 : 20 - 21

26. ¿En qué cuerpos de los santos podemos pensar que resucitaron con la muerte de Jesucristo ? Éxodo 13:19 **34**

27. ¿Cómo resucitaron ? Mateo 27 : 50-54

28. Cuando Jesús regrese , se le pisotean la tierra con sus pies de nuevo , o va a permanecer en el aire ? 1 Tesalonicenses 4 : 17

Aparecerán cristianos falsos

29. ¿Cómo podrás identificar a un impostor ?

30. ¿Cuál sería tu reacción ?

Respuesta : ....

31. ¿Cómo sabremos que es un falso Cristo ? *1 Tesalonicenses 4 : 9-18* **38**

SATANÁS Y SUS MINISTROS SE ENCUBIERTAN COMO CRISTO SIMULANDO SU PODER PARA PERDER A LOS HOMBRES

32. Será esta mascarada llevará a cabo en este fin del mundo , y cómo?

APARECE UN ÁNGEL DE LUZ ; *2 Corintios 11:14 - 15*

HACE MILAGROS ; *Apocalipsis 16:14*

HAGA ABAJO EL FUEGO DEL CIELO : *Apocalipsis 13* : 13-18

USE LAS SANTAS ESCRITURAS ; *Mateo 4 : 5-7*

ES HERMOSO Y SABIO ; *Ezequiel 28 : 12-19*

33. ¿Será seguro ir y ver a un falso Cristo ? Mateo 24 : 23-26

EL REY VIENE

34. ¿Qué harán los malvados durante el secuestro ? Apocalipsis 6:14 - 17

35. ¿Qué les pasa a los malvados durante el secuestro ? 2 Tesalonicenses 1 : 6 - 10

36. ¿Por qué Dios no les da a los malvados una segunda oportunidad ? 2 Tesalonicenses 2 : 10 - 12

37. ¿Cómo será la gloria después del rapto ? Lucas 9:26

38. ¿Qué harán Cristo y sus ejércitos a las naciones ? Apocalipsis 19 : 11 - 16

Que día glorioso

39. ¿Cuál es el propósito principal del regreso de Jesús ? Juan 14:23 **50**

Reunirse con amigos y seres queridos ; 1 Tesalonicenses 4 : 16-18

Los ciegos verán , los sordos oirán , los paralíticos caminarán , los mudos cantarán , Isaías 35 : 3-6

No más muertes , sufrimientos , lágrimas , dolores ; Apocalipsis 21 : 3-5

40. *¿Cómo llama Pablo a la segunda venida de Cristo ?* Tito 2:13

41. *¿Alguien puede saber la fecha del regreso de Jesús ?* Mateo 24:36

42. *¿De qué podemos estar seguros cuando regresemos ?* Mateo 24 : 32-33

SUS RECOMPENSAS ETERNAS

43. *¿Cómo serán recompensados todos ese día ?* Apocalipsis 22 : 12

44. *¿Qué advertencia da Jesús en* Mateo 24:44 ?

45. *Si Jesús regresara esta noche, ¿estarías listo ?* **54**

46. *Respuesta :* ....
....

CONCLUSIÓN 1 Corintios 15 : 35-58

EN LA MISMA COLECCIÓN DE ESTUDIO BÍBLICO:

1. El bautismo de Jesús CHRIST , LA ANUNCTION del santo de los Santos.

2. LA PURIFICACIÓN DEL SANTUARIO , SATANÁS ES CAZADO DEL CIELO.

3. EL FIN DEL MUNDO EN LA BIBLIA Y LA SEÑAL DE LA BESTIA , EL " 666 ".

4. LA GRAN SEÑAL DE LA BESTIA , LA (666) REVELADA.

5. ¿CÓMO HAN TOMADO YA LOS HOMBRES LA SEÑAL (666) DE LA BESTIA EN EL FRENTE ?

6. ¿CÓMO HAN TOMADO YA LOS HOMBRES (666) LA SEÑAL DE LA BESTIA EN LA MANO ?

7. LOS DIEZ MANDAMIENTOS DE DIOS Y LA SALVACIÓN EN JESUCRISTO .

8. LOS TIEMPOS , EL PECADO DE JUDAS EN LA IGLESIA CONTEMPORÁNEA APOSTASIADO.

9. ¿CUÁLES SON LOS OTROS SIGNOS DE LA BESTIA ?

10. EL FUNCIONAMIENTO DE LA IGLESIA APÓSTATA.

11. PARAÍSO Y ESPERANZA CRISTIANA.

12. LA IGLESIA , LOS CRISTIANOS.

13. ¿ QUIÉN ES EL VERDADERO DIOS ?

14. ¡ HAY UN DIOS !

15. ¡ HAY UN SEÑOR !

16. ¡ HAY UN ESPÍRITU !

17. ¡ SOLO HAY UNA FE !

18. ¡ HAY UNA ESPERANZA !

19. ¡ HAY UN CUERPO !

20. ¡ SOLO HAY UN BAUTISMO !

21. EL SELLO DE DIOS EN EL APOCALIPSIS.

22. EL SELLO DEL DIABLO EN EL APOCALIPSIS.

23. DÍA CUANDO EL VATICANO , la gran prostituta , LA MADRE DE LA NECESARIA será destruido.

24. AQUÍ ESTÁ LA GRAN SEÑAL DEL FIN DE LOS TIEMPOS , Y DEL REGRESO DE JESUCRISTO .

25. EL MOVIMIENTO ISLÁMICO DESCRITO EN EL LIBRO DEL APOCALIPSIS.

26. CHURCH THE LAST , LA 144 , 000 , LA regreso del Señor JESUS CHRIST , y la eternidad.

27. VIGÉSIMO SÉPTIMA ESCRITURA: ¡EL TESTIMONIO ! VIDA CRISTIANA Y TESTIMONIOS !

yes

I want morebooks!

Buy your books fast and straightforward online - at one of world's fastest growing online book stores! Environmentally sound due to Print-on-Demand technologies.

Buy your books online at

www.morebooks.shop

¡Compre sus libros rápido y directo en internet, en una de las librerías en línea con mayor crecimiento en el mundo! Producción que protege el medio ambiente a través de las tecnologías de impresión bajo demanda.

Compre sus libros online en

www.morebooks.shop

KS OmniScriptum Publishing
Brivibas gatve 197
LV-1039 Riga, Latvia
Telefax: +371 686 204 55

info@omniscriptum.com
www.omniscriptum.com

Printed by Books on Demand GmbH, Norderstedt / Germany